BEI GRIN MACHT SICH IHR WISSEN BEZAHLT

- Wir veröffentlichen Ihre Hausarbeit, Bachelor- und Masterarbeit

- Ihr eigenes eBook und Buch - weltweit in allen wichtigen Shops

- Verdienen Sie an jedem Verkauf

Jetzt bei www.GRIN.com hochladen und kostenlos publizieren

Michael A. Braun

Staatliche Einflussnahme und deren Aufhebung - Regulierung, Deregulierung, Privatisierung

GRIN Verlag

Bibliografische Information der Deutschen Nationalbibliothek:

Die Deutsche Bibliothek verzeichnet diese Publikation in der Deutschen National-bibliografie; detaillierte bibliografische Daten sind im Internet über http://dnb.d-nb.de/ abrufbar.

Impressum:

Copyright © 2001 GRIN Verlag GmbH
Druck und Bindung: Books on Demand GmbH, Norderstedt Germany
ISBN: 978-3-640-18434-7

Dieses Buch bei GRIN:

http://www.grin.com/de/e-book/69568/staatliche-einflussnahme-und-deren-aufhe-bung-regulierung-deregulierung

GRIN - Your knowledge has value

Der GRIN Verlag publiziert seit 1998 wissenschaftliche Arbeiten von Studenten, Hochschullehrern und anderen Akademikern als eBook und gedrucktes Buch. Die Verlagswebsite www.grin.com ist die ideale Plattform zur Veröffentlichung von Hausarbeiten, Abschlussarbeiten, wissenschaftlichen Aufsätzen, Dissertationen und Fachbüchern.

Besuchen Sie uns im Internet:

http://www.grin.com/

http://www.facebook.com/grincom

http://www.twitter.com/grin_com

Hochschule für Wirtschaft und Politik, Hamburg

Staatliche Einflussnahme und deren Aufhebung
- Regulierung, Deregulierung, Privatisierung -

vorgelegt im April 2001
Interdisziplinärer Grundkurs

Michael A. Braun

Inhaltsverzeichnis

Vorbemerkungen   **3**

1.	**Theoretische Grundlagen – staatliche Regulierung**	**4**
1.1	Regulierungsformen und Arten von Monopolen	5
1.2	Historischer Einfluss und Entwicklung	6
2.	**Praktische Anwendung – Deregulierung & Privatisierung**	**7**
2.1	Deregulierung	7
2.2	Historische und aktuelle Entwicklung der Deregulierung	8
2.3	Privatisierung	9
2.4	Alternative Finanzierungs- und Managementkonzepte	10
3.	**Fazit**	**11**

Anlagen

A1   Einnahmen aus Veräußerung von Bundesanteilen an (öffentlichen) Unternehmen

A2   Beabsichtigte (umgesetzte) Verringerung von Bundesbeteiligungen

A3   Beteiligungen der Länder

A4   Geplante Einnahmen aus Privatisierungen in den Jahren 2001 bis 2004

A5   Geplante Verwendung der Privatisierungserlöse in den Jahren 2001 bis 2004

A6   Trends und Entwicklungen bei Bundesbeteiligungen

     a.) Bahnreform
     b.) Postreform
     c.) DtA / KfW

A7   Literaturnachweis / verwendete Literatur

Verwendete Fachabkürzungen:

KfW   Kreditanstalt für Wiederaufbau

DtA   Deutsche Ausgleichbank

KMU   Kleine und mittlere Unternehmen

Vorbemerkungen

In Zeiten knapper Haushaltskassen wird häufig die Frage gestellt, wie die politische Führung in Deutschland neue Einnahmequellen erschließen, bestehende optimaler nutzen bzw. effizienter mit vorhandenen Ressourcen umgehen kann. Meist ist sie dem Vorwurf geringer Flexibilität und mangelnder Anpassungsfähigkeit öffentlicher Betriebe, welche steigendem Wettbewerbsdruck nicht mehr standhalten können, ausgesetzt.

In einigen Bereichen wurde deshalb bereits konsequent mit dem Kurswechsel in Richtung Marktöffnung begonnen. So hat die Bundesregierung 1999 in der Koalitionsvereinbarung „Aufbruch und Erneuerung - Deutschlands Weg ins 21. Jahrhundert" definiert, wohin sie die Bundesrepublik führen will. In einem von Liberalisierung, technischem Fortschritt und zunehmendem (inter)nationalen Wettbewerb geprägten Umfeld sei die Öffnung von Staatsunternehmen für privates Know-how und Kapital der Weg, die Unternehmen und deren Arbeitsplätze langfristig zu sichern.

Zu diesen Themen werde ich in der vorliegenden Hausarbeit Stellung beziehen. Ich werde zeigen, dass Kosten eingespart, Erlöse generiert und die öffentlichen Verwaltungen wieder effizienter werden können, indem alle nicht primär staatlichen Aufgaben dem Privatsektor zur Durchführung überlassen werden. Voraussetzung hierfür ist natürlich, dass dieser auch dazu bereit ist. Da erzielte Privatisierungserlöse laut Bundesregierung zur Tilgung von Schulden verwendet werden sollen, unterstützt dies die Haushaltskonsolidierung und trägt bei, wieder finanzielle Handlungsspielräume für künftige Generationen zu erhalten.

Zum besseren Verständnis und der Eindeutigkeit wegen nehme ich zunächst eine definitorische Abgrenzung der Begriffe Regulierung, Deregulierung und Privatisierung vor.

Regulierung bezeichnet die verbindliche Verhaltenssteuerung des Staates durch Handlungsge-/ bzw. Tätigkeitsverbote. Es ist also von politischem Willen gesteuertes Geschehen. Nutznießer regulierter Sektoren sind meist Arbeitnehmer und Eigentümer.

Deregulierung (Ent-Regulierung) ist die Aufhebung eines regulierten Zustandes durch Rücknahme von gesetzlich bindenden Regelungen. Ziel ist eine erhöhte Flexibilität und mehr Wettbewerb in einer ehemals staatlich oder teilstaatlich erfüllten bzw. regulierten Aufgabe. Meist sind es gesetzliche Bestimmungen, die potentiellen Konkurrenten den Marktzutritt erschweren bzw. verbieten sollen. Werden solche Beschränkungen auf internationaler Ebene aufgehoben, spricht man von **Liberalisierung**.

Privatisierung ist der Wechsel der Rechtsform von einer öffentlichen in eine Kapitalgesellschaft (meist AG). Oft verbunden mit teilweiser oder kompletter Abgabe von Eigentumsanteilen daran. Meist versuchten und versuchen Regierungen durch Verkauf staatlichen Eigentums die steigenden Haushaltsdefizite zu senken. Dies geschieht in der Annahme, dass der Wechsel der Eigentumsverhältnisse mehr Flexibilität schafft und die Existenz von privatisierten Unternehmen im Wettbewerb gesicherter ist.

Mein Ausführungen werden im Anhang durch Abbildungen und Erhebungen ergänzt.

1.   Theoretische Grundlagen – staatliche Regulierung

Primär verfolgt der Staat die Aufgabe, seinen Bürgern 'annehmbare' Rahmenbedingungen zum Leben zu ermöglichen. Deshalb werden von der politischen Führung Leistungen definiert, die auf dem Gebiet der Infrastruktur zur **Grundversorgung** der Bevölkerung gehören. Dies sind z.b. Stromver-/ sowie Müllentsorgung, Post-/ & Fernmeldewesen und Verkehrsdienstleistungen.

Da in Deutschland das Prinzip 'Marktwirtschaft' gilt [1], bleibt es jeder natürlichen und juristischen Person selbst überlassen, wirtschaftlich tätig zu werden – oder auch nicht. Der Wettbewerb ist somit fester Bestandteil der Sozialen Marktwirtschaft. Er bietet den wirtschaftlichen Antriebskräften Raum zur Entfaltung und verbessert gleichzeitig den gesamtwirtschaftlichen Einsatz der Ressourcen. Allerdings gibt es in Deutschland eine Vielzahl von **Regulierungen**, die in vielen Fällen überflüssig oder zumindest überzogen sind. Eine Einschätzung, die einmal gerechtfertigt war, muss es nicht für immer sein. Die Vielfalt der Regulierungen hat so stark zugenommen, dass bereits deren Menge wirtschaftliche Aktivitäten lähmen könnte.

Mit den Worten der Deregulierungskommission ist '**Regulierung jede staatliche oder staatlich sanktionierte Beschränkung der Handlungsmöglichkeiten der Menschen.**' [2] Nutznießer regulierter Sektoren sind meist Arbeitnehmer mit weniger Leistungsdruck und Eigentümer mit höheren Gewinnen trotz weniger Anstrengung.

Ein generelles Argument für den Erhalt und die Neuschaffung von Monopolen wäre die **Notwendigkeit der zuverlässigen Verfügbarkeit**. Dies spielt eine besonders wichtige Rolle im Bereich der Infrastrukturnetze. Mit Hilfe von Staatsmonopolen sollten mögliche Ausfälle durch Konkurse, Streiks sowie scheinbarer Unrentabilität in Teilbereichen vorgebeugt und ihre Anzahl und Ausmaß im täglichen Leben so gering als möglich gehalten werden.

Doch was sind eigentlich Netze? Sie zeichnen sich durch hohe Anschaffungs-/ und niedrige laufende Kosten sowie starke Skaleneffekte aus. Der Kundennutzen steigt mit der Zahl der Nutzer exponentiell an. So könnten bei fallenden Kosten u. U. durch mehr Kundennutzen am Markt sogar höhere Preise durchgesetzt werden. Große Wettbewerber haben also einen doppelten Vorteil gegenüber kleineren. Neue Wettbewerber werden durch absolut hohe Kosten für den Aufbau eines neuen Netzes abgeschreckt. Die Netzökonomie fördert somit natürliche Monopole. Beispiele für bestehende Netze sind die Trassen der Deutschen Bahn AG, Kommunikationsleitungen der Deutschen Telekom AG, Energieleitungen der Stromversorger u.v.m.

---

[1] vgl. Bundesgesetzblatt 1967, Teil I Seite 582 - Gesetz zur Förderung der Stabilität und des Wachstums der Wirtschaft - §1 '[...] im Rahmen der marktwirtschaftlichen Ordnung [...]' Dieses Gesetz legte die BRD erstmals in der Geschichte auf die Marktwirtschaft fest.
[2] vgl. Deregulierungskommission – 'Marktöffnung und Wettbewerb' – Stuttgart, 1991, Vorbemerkungen

1.1 Regulierungsformen und Arten von Monopolen

Generell lässt sich laut Paul A. Samuelson zwischen zwei Regulierungsformen unterscheiden. [3] Zum einen der **wirtschaftlichen Regulierung**. Sie bezieht sich auf die Kontrolle von Preisen und Marktbeschränkungen sowie das Setzen von Standards in einzelnen Branchen. Zum zweiten gibt es eine neuere Regulierungsform - die der **sozialen Regulierung**. Sie wird eingesetzt, um Nebenwirkungen wirtschaftlicher Aktivität verträglicher zu gestalten. Die Umwelt, Gesundheit der Bürger sowie die Sicherheit von Arbeitnehmern und Konsumenten sollen damit geschützt werden.

Ein Beispiel für wirtschaftliche Regulierung: Im Bereich der Infrastruktur gibt es – wie überall - lukrativ und weniger lukrativ herstellbare Produkte. Da sich privatwirtschaftliche Unternehmen stets die vermeintlich lukrativen suchen, bleiben die ‚unrentablen' als Rest über. Um die Aufgaben dennoch zu erfüllen, gibt es zwei Möglichkeiten, die durch Regulierung unterstützt werden:

1. Der **Staat wird selbst unternehmerisch tätig** und nimmt mögliche Verluste bewusst in Kauf. Die Finanzierung wird vom Volk, das die Leistung bei Bedarf nutzen kann, getragen.

2. Private Unternehmen werden durch **Subventionen** zur Erbringung der Leistung animiert.

Systemimmanente Schwierigkeiten wie ein großer Verwaltungsapparat, mangelndes Kostenbewusstsein und bei Mitarbeitern fehlende Identifizierung mit der eigenen Aufgabe machen den Staat als Unternehmer ineffizient. Heutzutage wird deshalb versucht, die Ineffizienz staatlicher Aktivitäten dadurch in den Griff zu bekommen, dass diese der Effizienz privater Initiative überantwortet wird (Deregulierung, Privatisierung).

Ein weiterer Grund für staatliche Regulierungsmaßnahmen ist die Verhinderung von Monopolen, Oligopolen oder Externalitäten [4], also der Auswirkungen von Handlungen der Marktteilnehmer auf unbeteiligte Dritte. Ein Beispiel wäre die Luftverschmutzung durch einen industriellen Betrieb.

Nach Samuelson kommt es allerdings oft nur deshalb zur Regulierung, weil einzelne Interessengruppen durch heftige Interventionen die regulierenden Behörden dazu bringen, die Produzenten statt der Konsumenten zu schützen. [5]

---

[3] vgl. P.A. Samuelson / W.D. Nordhaus – Volkswirtschaftslehre – Wien, 1998, S. 384
[4] vgl. G. Mankiw – Volkswirtschaftslehre – Stuttgart, 1999, S. 12
[5] vgl. P.A. Samuelson / W.D. Nordhaus – Volkswirtschaftslehre – Wien, 1998, S. 385

1.2   Historischer Einfluss und Entwicklungen

Hinterfragt man, warum bestimmte Wirtschaftstätigkeiten überhaupt Staatsaktivitäten wurden, dann ist die Antwort meist, weil sie bisher **natürliche Monopole** waren und die Konsumenten vor deren Macht geschützt werden sollten. Oder weil sie stark mit **positiven, externen Effekten** für die Wirtschaftsentwicklung behaftet waren. Ebenfalls wichtig ist die **Steuerungsmöglichkeit** in der Monopolposition. Wer Marktmacht hat, kann zukünftige Entwicklungen maßgeblich mitbestimmen. Wobei der Hauptunterschied zwischen einer Unternehmung bei vollständiger Konkurrenz und einem Anbieter im Monopolmarkt darin besteht, dass der Monopolist den Preis seiner Produkte beeinflussen kann. Wettbewerber hingegen müssen den Preis als vom Markt gegeben annehmen.

Der **normative Hintergrund** von Regulierungen wird mit der neoklassischen Theorie des Marktversagens in Gestalt natürlicher Monopole und ruinösen Wettbewerbes begründet.

Allgemein nun eine Definition der zwei Arten von Monopolen. Es gibt ein ...

- **natürliches Monopol**, weil nur ein Anbieter konkurrenzfähig dazu in der Lage (durch Fachwissen, Spezialmaschinen, usw.) ist, das Produkt zu erstellen.

- **staatliches Monopol**, weil die politische Führung glaubt, der Staat muss bzw. kann die Dienstleistung besser erbringen als ein privater Anbieter.

Nach Meinung von Adam Smith zerfällt der Begriff des Staatsmonopols in zwei verschiedene Begriffe: So gibt es zum einen das **indirekte Monopol**, welches ein Staat als Ganzes gegenüber einem anderen Staat besitzt. Dies kann durch technischen Vorsprung oder durch das Vorhandensein von Kolonien bedingt sein. Er garantiert durch Sicherheitskräfte und eine unterstützende Zoll- und Steuerpolitik die Verwirklichung des Monopols. Zum anderen existieren **direkte Monopole**, die ein Staat innerhalb seines Hoheitsgebiets durch eigene Unternehmen ausüben lässt.

Historisch betrachtet waren alle großen deutschen **Infrastrukturnetze** anfangs privat organisiert. Beispiele sind die Post der Familie Thurn und Taxis 1490, die erste Eisenbahn zwischen Nürnberg und Fürth 1835 sowie die Gründung und Finanzierung der RWE, der Rheinisch-Westfälischen Elektrizitätswerke, 1898. Bundesweit bestanden in vielen Geschäftsfeldern mehrere regional nicht konkurrierende Netze, die miteinander jedoch noch nicht kompatibel waren. Um am Markt effizienter vorgehen zu können, wurden diese meist miteinander fusioniert bzw. Gebietsschutz vereinbart. Sofern Monopole dabei unvermeidbar schienen, beanspruchte der Staat (staatliche Monopole) auf Bundes-/ bzw. Landesebene deren Nutzung für sich. [6]

Nach dem Zweiten Weltkrieg schaffte es auch nur der Staat, die Investitionen zum Wiederaufbau der Infrastruktur aufzubringen. Private Schuldner hätten die immensen Kredite mangels Kreditwürdigkeit nicht erhalten. Dadurch waren auch weiterhin die meisten Infrastrukturnetze in staatlicher Hand. [7] Heutzutage ist es genau umgekehrt. Der Staat wäre nicht mehr willens und in der Lage, den Aufbau hochtechnischer Netze (alleine) zu finanzieren.

Historisch gewachsene Besitzverhältnisse, **nicht wirtschaftlich herstellbare Leistung** und der **Wunsch nach Steuerung** sind somit der Grund für staatliche Anteile am Wirtschaftsleben.

---

[6] vgl. P. Ederer , Ph. Schuller – Geschäftsbericht Deutschland AG – Stuttgart, 1999, S. 130 f.
[7] vgl. P. Ederer , Ph. Schuller – Geschäftsbericht Deutschland AG – Stuttgart, 1999, S. 131

2.   praktische Anwendung – Deregulierung & Privatisierung

2.1   Deregulierung

Mit Deregulierung (Ent-Regulierung) soll mehr **Flexibilität** und **Wettbewerb** in einer ehemals staatlich oder teilstaatlich erfüllten bzw. regulierten Aufgabe erreicht werden. Zentrales Anliegen ist dabei, sich - wie manche es ausdrücken - von ‚sozialpolitischem Ballast' zu befreien. Zu diesem Ballast zählen auch die zahlreichen staatlichen Regulierungen. Man versucht diejenigen, die unmittelbar in Wettbewerbsbeziehungen eingreifen, abzubauen. Betroffen sind hauptsächlich Bestimmungen, die potentiellen Konkurrenten den Marktzutritt erschweren sollen. Bei der Deregulierung geht es vorwiegend um die Öffnung der Märkte durch Aufgabe von Marktzutrittsbeschränkungen und um die Beseitigung oder zumindest Abschwächung staatlicher Eingriffe in wirtschaftliche Abläufe. Weil sich das wirtschaftliche Umfeld geändert hat, wird Deregulierung – um konkurrenzfähig zu bleiben - oft auch von den betroffenen Wirtschaftszweigen selbst gefordert. [8] Werden Beschränkungen international aufgehoben, heißt dies **Liberalisierung**.

Als Träger hoheitlicher Gewalt ist der Staat als Ganzes in der Lage einzelnen Interessengruppen durch Eingriffe, etwa in die Wettbewerbsfreiheit, **Sondervorteile** zu verschaffen. Je komplexer die volkswirtschaftlichen Zusammenhänge sind, desto ausufernder wird die Politik der Begünstigungen. Und desto schwerer nachvollzieh-/ und nachweisbar werden die Subventionen für einzelne ggf. benachteiligte Personen und Gruppen. Dieses Vorgehen kann von einem weniger starken Staat nicht bzw. nicht so einfach durchgeführt werden. Die Marktbeteiligten würden in diesem Fall die Regulierung selbst übernehmen und zu einem Gleichgewicht kommen.

Allerdings kann diese Entwicklung (Deregulierung, Liberalisierung) auch nicht zu übersehende Schattenseiten haben. So greift sture Deregulierung ohne **verantwortliche Selbstorganisation der Wirtschaft** zu kurz. Die bisherige Staatszuständigkeit war damit begründet, dass es sich bei den jeweiligen Feldern der Unternehmenstätigkeit um 'Gemeinaufgaben' handelte. Der Vorteil der dargestellten Entwicklungen für den Konsumenten liegt auf der Hand: die Dienstleistungen werden für ihn (meist) billiger. Künstliche Überteuerung durch Monopole wird verhindert. Zugleich hat die Deregulierung aber zu einem schier undurchschaubaren Preisgeflecht geführt. Man muss schon genau hinsehen und nachrechnen, um festzustellen, was die Dienste [9] wirklich kosten.

---

[8] Ein aktuelles Beispiel ist die Energiekrise in Kalifornien. Die Wirtschaft fordert , um überleben zu können, die Aufhebung der staatlich regulierten Höchstpreise für Energielieferungen an Konsumenten.
[9] z.B. Telekommunikationsdienstleistungen, Energie, usw.

2.2   Historische und aktuelle Entwicklung der Deregulierung

Die Deregulierungsbewegung nahm ihren Lauf in den siebziger Jahren in den USA. Damals wurde der innerstaatliche Luftverkehr erfolgreich liberalisiert. Aufgrund der gemachten positiven Erfahrungen in den Vereinigten Staaten sprang der 'Funke' schnell auf Deutschland über. Das Ergebnis waren einige Privatisierungen in alteingesessenen Wirtschaftszweigen. Privatisierung und Liberalisierung öffentlicher Aufgaben sind zwar in den angelsächsischen Ländern traditionell weiter fortgeschritten als in Deutschland. Eine aktuelle Untersuchung der OECD [10] über Privatisierungstendenzen zeigt jedoch, dass Deutschland nun auch mit zu den aktiv privatisierenden Staaten gehört. So zählen die privatisierten Unternehmen in Japan, Großbritannien, Deutschland, Italien, Frankreich, Spanien und Portugal zu den an den Börsen mit am höchsten bewerteten Gesellschaften.

In Deutschland hat sich in der Vergangenheit bereits ein weitgehender Abbau staatlicher Reglementierung vollzogen. Diese Entwicklung ist zu begrüßen, da so aus 'hoheitlichen' Akten Serviceleistungen wurden und dass **staatliche Monopole aufgebrochen** werden und kommunale Anbieter nicht mehr Preise diktieren, sondern sich um den Kunden bemühen müssen. Außerdem ist ein reguliertes System kaum geeignet, neue (technologische) Entwicklungen schnell und effizient im Markt zu integrieren.

Inzwischen haben sich die Bürger an die Veränderungen, die im letzten Jahrzehnt eingetreten sind, bereits so gewöhnt, dass sie fast nicht mehr wahrgenommen werden. 1990 waren im Zuge der Postreform Postdienst, Postbank und Telekom als Nachfolger der staatlichen Deutschen Bundespost entstanden, 1995 wurden sie jeweils als Aktiengesellschaften privatisiert. Durch die Bahnreform 1994 entstand aus Deutscher Bundesbahn und Deutscher Reichsbahn die Deutsche Bahn AG. 1998 wurde der deutsche Telekommunikationsmarkt vollständig [11] freigegeben. Mittlerweile hat die Liberalisierung auch den Strommarkt erreicht. Die großen Stromversorger verlieren Monopolstellungen und Stadtwerke müssen sich dem Wettbewerb stellen.

Die Folgen dieser Entwicklungen sind vielschichtig und im voraus meist nur schwer abschätzbar. Dies liegt besonders an der Unterschiedlichkeit der zu deregulierenden Bereiche und an der Art, wie diese später betrieben bzw. fortgeführt werden. Durch Deregulierung kann ein verstärkter Wettbewerb entstehen, in dessen Folge die Preise fallen können. Das Risiko der Nicht-Verfügbarkeit, also des temporären Ausfalls, wichtiger Infrastruktursysteme, kann sich für die Nutzer dadurch jedoch ebenfalls erhöhen.

Einige Beispiele von **regulierten bzw. ehemals regulierten Bereichen in Deutschland**:

▪ Fernmeldenetz	1998 vollständig geöffnet	Deutsche Telekom
▪ Kabelnetz	steht zum Verkauf	Deutsche Telekom
▪ Energienetze	1999 vollständig geöffnet	Veba, Viag, EnBW, ...
▪ Posttransport	ab 20g Gewicht geöffnet	Deutsche Post
▪ Bahntransport	bisher keine Entscheidung	Deutsche Bahn AG
▪ Öffentl. Kreditinstitute	Hilfe: Gewährträgerhaftung	LBen, Sparkasse
▪ Gesundheitswesen	Hilfe: Zulassung, Kassen	dt. Gesundheitsmarkt

---

[10] vgl. Financial Market Trends No. 76, 18. Juli 2000 (Ort unbekannt)
[11] das Ortsnetz wird faktisch noch immer vor der Deutschen Telekom 'beherrscht'

2.3   Privatisierung

Privatisierung ist die **Änderung der Rechtsform** weg von einer öffentlichen Gesellschaft hin zu einer Kapitalgesellschaft (meist Aktiengesellschaft). Oft verbunden mit teilweiser oder kompletter Abgabe von Eigentumsanteilen daran. Regierungen versuchten und versuchen meist durch Überführung staatlichen Eigentums in private Hände das Problem des steigenden Haushaltsdefizits zu lösen. Dies geschieht in der Annahme, dass der Wechsel der Eigentumsverhältnisse mehr Wettbewerb schafft und die Existenz von privatisierten - ehemals öffentlichen - Unternehmen in diesem Wettbewerb mehr gesichert ist, als vor deren Umwandlung. Allerdings besteht dadurch auch die Gefahr der Übernahme eines (sicherheitspolitisch wichtigen) Unternehmens durch ausländische Kapitalanleger. Deshalb wird manchmal versucht, Vorsorge zu treffen, dass die umgewandelten Staatsunternehmen nicht von Ausländern beherrscht werden.

Das Gegenstück der Privatisierung des Eigentums (**materielle Privatisierung**), bei der sich der Staat ganz von Unternehmensführung und Eigentum durch Börsenplatzierung oder durch Verkauf an einen Investor verabschiedet, ist die **formelle Privatisierung**. Bei dieser Form der Privatisierung zieht sich der Staat lediglich den 'Mantel des Privatrechts' über. Dabei werden weder die rechtliche noch die wirtschaftliche Verfügungsgewalt aufgegeben. Weil nur die Rechtsform geändert wird, der staatliche Einfluss aber bleibt, handelt es sich – entgegen der materiellen Privatisierung - um eine unechte Privatisierung.

Generell ist zwischen Bundes-/ & Landesbetrieben und Beteiligungen an rechtlich selbstständigen Unternehmen zu unterscheiden. **Staatsbetriebe und Unternehmen des öffentlichen Rechts** unterliegen der Aufsicht des jeweiligen Fachressorts. Sie sind auf einen wirtschaftlichen Geschäftsbetrieb ausgerichtete, rechtlich unselbständige Teile der Staatsverwaltung, wirtschaften aber nach kaufmännischen (nicht kameralen) Grundsätzen.

Bei **Unternehmen privaten Rechts** nimmt die Regierung die gesellschaftsrechtlichen Interessen des Landes wahr. Außerdem koordiniert es Überwachungsorgane (Aufsichts- und Verwaltungsräte, Beiräte) bei diesen Unternehmen, trifft grundsätzliche Dispositionen über die einzelnen Beteiligungsunternehmen bzw. bereitet entsprechende politische Entscheidungen vor und setzt diese um.

Bei der Privatisierung öffentlicher Unternehmen ergeben sich meist keine Auswirkungen auf die **Beschäftigungszahl**, da die Beschäftigten bei öffentlichen Unternehmen normalerweise sowieso nicht zum öffentlichen Dienst gezählt werden. Lediglich bei der Ausgliederung von Aufgaben aus der Verwaltung an externe Unternehmen ändert sich der Umfang des öffentlichen Dienstes und wird kleiner.

Durch Privatisierung lassen sich gleich mehrere positive Effekte für alle Beteiligten erzielen: Zum einen wird die **Effizienz und Geschwindigkeit** bei Planung, Bau und Betrieb von Infrastruktureinrichtungen erhöht, zum anderen wird privates Kapital zur **Entlastung der öffentlichen Haushalte** mobilisiert. Der durch schnellen technologischen Wandel resultierende Investitionsbedarf kann so schneller und effizienter erschlossen werden. Klar ist dabei, dass privates Kapital refinanziert werden muss. Mit der Privatisierung öffentlicher Aufgaben ist in der Regel auch eine **Verminderung der Staatsausgaben** verbunden, da die Kosten nun individuell vom Verursacher getragen werden. So lassen sich längerfristig auch **Steuersenkungspotentiale** realisieren.

2.4   Alternative Finanzierungs- und Managementkonzepte

Wirtschaftliche Vorteile und eine Haushaltsentlastung ergeben sich am ehesten bei den sogenannten **Betreibermodellen**. Dabei vergibt der Staat das Recht zum Betreiben und in der Regel auch zur Erstellung einer öffentlichen Einrichtung an einen privaten Investor in dessen eigene Verantwortung. Dem Betreiber wird das Recht zur Entgelterhebung (z. B. Maut, Eintrittsgelder) eingeräumt. Modelle der **privaten Vorfinanzierung** (Ratenkauf, Mietkauf, Leasing) können nur dann die Alternative sein, wenn wirtschaftliche Vorteile in Erstellung und Betrieb den Nachteil der Privaten bei der Finanzierung ausgleichen. Aus der Sicht des Staates ist es kein Unterschied, ob künftige Budgets mit Zinsen oder Leasingraten belastet werden. Die Freiheit der Unternehmer als ein Teil der Bürgerschaft wird dadurch jedoch ganz erheblich gesteigert.

Im Zusammenhang mit Privatisierungen spielt die bundeseigene KfW eine ganz wesentliche Rolle. Sie hat mit der Teilprivatisierung der Lufthansa 1996 zusammen mit dem Bund erstmals das **Platzhaltermodell** oder auch die sogenannte 'Parklösung' entwickelt. Nach diesem Modell verkauft der Bund ganz oder teilweise Beteiligungen an die KfW. Mit der Veräußerung an die KfW gehen alle Rechte und Pflichten über. Der Bund erhält zunächst von der KfW für die erworbenen Anteile einen **Kaufpreis**, abzüglich eines Abschlages. Den Veräußerungen des Bundes liegen Bewertungen z. B. aktuelle Gutachten einer Prüfungsgesellschaft bzw. Investmentbank zugrunde.

Bei dem späteren Weiterverkauf der Aktien an der Börse ergibt sich für den Bund eine zweite Zahlung aus einem mit der KfW vereinbarten **Besserungsschein** (Differenz zw. Verkaufspreis und ursprünglichem Kaufpreis abzgl. Kosten). Die KfW partizipiert mit einem kleinen Anteil daran. Auch hier wird erneut der 'faire' Wert ermittelt und zugrunde gelegt.

Die KfW hat wiederholt eine Reihe von Beteiligungen des Bundes vorübergehend gehalten. Beispiel: Die KfW hat 1999 ein Aktienpaket der Deutschen Post AG erworben. Beim Börsengang des Unternehmens im November 2000 wurden aus diesem Bestand 29% des Aktiennominalkapitals platziert. Derzeit hält die KfW noch 17% an der Deutschen Telekom AG und 21% an der Deutschen Post.

Die 'Parklösung' hat sich als geschickter Zwischenschritt bis zur Börsenplatzierung bewährt. Damit kann einerseits ohne Zeitdruck ein **kapitalmarktgerechter Platzierungszeitpunkt** gewählt und andererseits kann das **Know-how der KfW** am Kapitalmarkt genutzt werden.

3.   Fazit

Besonders zu Zeiten der Industrialisierung Ende des 19. Jahrhunderts und nach Ende des zweiten Weltkrieges waren staatliche Eingriffe unvermeidlich. Die technische Entwicklung und der Wiederaufbau hätten ohne einen in der Wirtschaft stark agierenden Staat nicht so schnell und erfolgreich bewerkstelligt werden können. Diese beiden 'Spezialsituationen' waren zusammen mit maximal einem weiteren halben Dutzend in der jüngeren Geschichte ganz klar Ausnahmen. Hier war staatliche Intervention sinnvoll.

In der gegenwärtigen Situation, die sich in Deutschland durch eine relativ stabile Wirtschaft und gute internationale Beziehungen auszeichnet, halte ich Regulierungen eher für hinderlich. Meines Erachtens nach 'erdreistet' sich der Staat leider allzu oft, seinen, wie so häufig propagiert, 'mündigen' Bürgern vorzuschreiben, was zu tun und was lassen ist. Dies gilt im besonderen Maße für unternehmerisch Tätige. Allein die Zahl der Regelungen, Vorschriften, Verordnungen und Gesetze behindert die Wettbewerbsfähigkeit. Hinzu kommt, dass ein staatlicher 'Koloss' nur schwer in der Lage ist, auf unausweichliche Marktveränderungen zeitnah zu reagieren und neue Technologien einzuführen.

Als Beispiel nehme ich die Entwicklung der Deutschen Telekom AG. Nach der Postreform und der materiellen Privatisierung gab es zunächst großes Wehklagen über den radikalen Sparkurs. Dieser äußerte sich durch Stellenabbau, Schließung unrentabler Teilbereiche sowie Produktionsstätten und den Abbau bzw. die Modifikation von Dienstleistungen. Das private Management hatte mit einem Mal die Möglichkeit, viel schneller am Markt zu agieren und sich bietende Chancen zu nutzen. Auf der anderen Seite hatte es sich auch Rentabilitätszwängen zu beugen. Diese Zwänge wurden in der alten Bundespost mit fast kameralen Zügen annähernd ignoriert. Durch das Kapital des Börsenganges konnte in völlig neue Bereiche investiert werden. Außerdem schuf der Börsengang ein wichtiges Mittel zur internationalen Expansion – die Übernahmewährung Aktie. Nun war es möglich, Fusionspartner mit eigenen Aktien statt Geld zu bezahlen. Ein entscheidender Vorteil im internationalen Geschäft. Die Deutsche Telekom ist heute ein wichtiger und erfolgreicher Spieler im weltweiten 'Telekommunikationsmonopoly'. Ich wage zu bezweifeln, dass dies ohne eine Lösung des Staats aus dem operativen Geschäft der Fall wäre.

Um unsere Zukunfts-/ und Wettbewerbsfähigkeit nachhaltig zu sichern, ist es meines Erachtens nach von großer Bedeutung, alte Verkrustungen (Regulierungen) aufzubrechen und die gewachsene Aufgabenteilung zwischen Staat und Privaten einer vorbehaltlosen Prüfung zu unterziehen. Der Staat sollte sich auf die Erfüllung von Aufgaben, die vom privaten Sektor nicht so gut erledigt werden können, besinnen. Er sollte dafür sorgen, dass der öffentliche Auftrag ständig in Verantwortung für das Gemeinwohl erfüllt wird. Daher sollten Einrichtung und Betrieb von z.B. Krankenhäusern, Hochschulen, Ver-/ und Entsorgungseinrichtungen, usw. stärker als bisher privat ausgeführt werden können.

Formen der Kooperation zwischen öffentlicher Hand und privaten Unternehmen sollten in Zukunft verstärkt dort genutzt werden, wo sie mit den Vorteilen einer echten materiellen Privatisierung verbunden sind. Insbesondere mit Betreibermodellen, bei denen Private das Investitionsrisiko mit übernehmen, bieten sich attraktive Einsatzmöglichkeiten. Der Staat kann so entlastet, Zeit- und Effizienzgewinn erreicht werden. Die Übernahme von Planung, Erstellung, Betrieb und Finanzierung öffentlicher Projekte durch Private einschließlich der damit verbundenen Risiken öffnet dem Markt endlich bisher vorenthaltene Möglichkeiten.

Anlagen

A1 Einnahmen aus der Veräußerung von Bundesanteilen [12] an (öffentlichen) Unternehmen in den Jahren 1990 bis 1999:

Jahr	Vollständig bzw. teilweise privatisierte	Erlöse in Mio. DEM	
		Ist	Soll
1990	[13]	-	500,00
1991	Prakla – Seismos AG	555,70	556,00
	Depfa Bank AG		
1992		-	1.000,00
1993	Deutsche Baurevision AG	122,50	840,00
	Parkla – Seismos AG		
	Aachener Bergmannssiedlungs–Gesellschaft mbH		
	C & L Treuarbeit AG		
	IVG AG		
1994	IVG AG	1.117,90	675,00
	Bayerischer Lloyd AG		
	Deutsche Lufthansa AG		
1995	Rhein-Main-Donau AG	285,10	1.500,00
	Deutsche Außenhandelsbank AG		
	Deutsche Vertriebsges. für Publikationen und Filme		
	Heimbetriebsgesellschaft mbH		
1996	Neckar AG	2.189,80	9.000,00
	Deutsche Lufthansa AG		
1997	Mon Repos Erholungsheim Davos AG	5.392,40	5.370,00
	Gemeinnützige Deutsche Wohnungsbaugesellschaft		
	Deutsche Lufthansa AG		
	Deutsche Telekom AG		
	Deutsche Stadtentwicklungsgesellschaft mbH		
	GBB Genossenschaftsholding Berlin		
1998	Deutsche Telekom AG	19.860,88	28.700,00
	Autobahn Tank & Rast AG		
	Bundesanzeiger Verlagsgesellschaft GmbH		
	Saarbergwerke AG		
	Landeswohnungs- und Städtebaugesellschaft Bayern		
	Gesellschaft für Lagereibetriebe mbH		
	Heimstätte Rheinland-Pfalz GmbH		
1999	Deutsche Postbank AG	5.055,44	12.000,00
	Deutsche Siedlungs- und Landesrentenbank (DSL)		
	Schleswig-Holsteinische Landgesellschaft		

---

[12] Quelle: Bundesministerium der Finanzen, Berlin – 'Perspektiven der Privatisierungspolitik des Bundes' – eine Zusammenstellung der Antworten der Bundesregierung auf die Große Anfrage der Abgeordneten
[13] Die Bundesregierung hat Einnahmen aus der Privatisierung der Salzgitter AG 1990 nicht im Bundeshaushalt verbucht, sondern für die Gründung der Bundesstiftung Umwelt eingesetzt.

A2   Beabsichtigte (bzw. schon umgesetzte) Verringerung oder Veräußerung von Bundesbeteiligungen [14] insbesondere bei folgenden Unternehmen:

Verkehrsbereich

- Berlin Brandenburg Flughafen Holding GmbH, Berlin
- Flughafen Frankfurt/Main AG
- Flughafen Hamburg GmbH
- Flughafen Köln/Bonn GmbH
- Flughafen München GmbH
- Duisburg-Ruhrorter Häfen AG
- Osthannoversche Eisenbahn AG

Bankenbereich

- Deutsche Siedlungs- und Landesrentenbank
- Deutsche Ausgleichsbank

Industrie-/ Dienstleistungsbereich

- Deutsche Post AG
- Deutsche Telekom AG

Verschiedene Bereiche

- Bundesdruckerei GmbH
- Bundesanzeiger-Verlagsgesellschaft mbH
- DEG Deutsche Investitions- und Entwicklungsgesellschaft mbH
- Deutsche Baurevision AG Wirtschaftsprüfungsgesellschaft
- Eisenbahnwohnungsgesellschaften
- Frankfurter Siedlungsgesellschaft mbH
- Gästehaus Petersberg GmbH
- juris GmbH

---

[14] Quelle: Bundesministerium der Finanzen, Berlin – 'Perspektiven der Privatisierungspolitik des Bundes' – eine Zusammenstellung der Antworten der Bundesregierung auf die Große Anfrage der Abgeordneten

A3   Beteiligungen der Länder

Die zahlenmäßig größten Privatisierungsmöglichkeiten liegen bei **Ländern und Gemeinden**. Bei Privatisierungen wurden in den Ländern zwischen 1995 und 1999 Erlöse in Höhe von insgesamt knapp DEM 28 Mrd. erzielt:

Jahr	1995	1996	1997	1998	1999
Mio. DEM	2.911,50	2.215,60	10.364,90	7.554,40	4.633,50

A4   Geplante Einnahmen durch Privatisierung [15] in Mrd. DEM:

2001	2002	2003	2004
17,14	8,52	8,97	9,50

A5   Geplante Verwendung der Privatisierungserlöse [16]:

2001

- DEM 8,80 Mrd. zur Finanzierung des Vorziehens der Steuerreform 2002
- DEM 8,34 Mrd. zur Finanzierung der Postunterstützungskassen

2002 – 2004

- überwiegend zur Finanzierung der Postunterstützungskassen

---

[15] Quelle: Bundesministerium der Finanzen, Berlin – 'Perspektiven der Privatisierungspolitik des Bundes' – eine Zusammenstellung der Antworten der Bundesregierung auf die Große Anfrage der Abgeordneten
[16] Quelle: Bundesministerium der Finanzen, Berlin – 'Perspektiven der Privatisierungspolitik des Bundes' – eine Zusammenstellung der Antworten der Bundesregierung auf die Große Anfrage der Abgeordneten

A6   Trends und Entwicklungen bei Bundesbeteiligungen

Bahnreform

Nach der **Bahnreform** 1994 und der damit verbundenen Trennung der Gesellschaft in DB Reise & Touristik AG, DB Regio AG, DB Cargo AG, DB Netz AG und DB Station & Service AG bleibt der Konzern auch weiterhin das Sorgenkind der Regierung. Die DB Holding erledigt für alle eigentlich eigenständigen Bereiche steuernde, koordinierende und kontrollierende Aufgaben. Sie nimmt ihre Aufgabe konzernbezogen wahr und diskriminiert unterschiedlichen Berichten zufolge potentielle Mitbewerber beim Markteintritt. Aus diesem Grunde werden die Rahmenbedingungen nach der Bahnreform einer Prüfung unterzogen. Es wird über die **endgültige Trennung von staatlicher und unternehmerischer Verantwortung sowie von Netz und Betrieb** nachgedacht. Da in Deutschland alle notwendigen europäischen Gesetze zu diesem Thema umgesetzt sind, kann sich die politische Führung mit der Umsetzung noch bis zum Jahr 2004 Zeit lassen. Generell wird jedoch schnellstmöglich eine wirtschaftlich erfolgreiche Bahnreform angestrebt, da die Regierung ein starkes Interesse an der Reduzierung der finanziellen Belastung hat.

Postreform

Nach der Neuordnung der **Deutschen Bundespost** zeigte die Praxis, dass die Trennung von Deutsche Post AG und Deutsche Postbank AG nicht vorteilhaft war, weil die gemeinsame Nutzung des Filialnetzes der Deutsche Post AG durch beide Unternehmen zu Interessenkonflikten geführt und sich damit auch zum Nachteil des gemeinsamen Eigentümers Bund ausgewirkt haben. Die Regierung hat deshalb besonders zur Nutzung von Synergiepotenzialen 1999 die Deutsche Postbank AG in die Deutsche Post AG integriert. Zur weiteren Optimierung wurde im Jahr 2000 die DSL Bank an die Deutsche Postbank veräußert.

Deutsche Ausgleichsbank / Kreditanstalt für Wiederaufbau

Durch die **Neuordnung von Förderaktivitäten bei DtA und KfW** sollen eine Vereinfachung der Förderstellen zum Nutzen der mittelständischen Unternehmen erreicht und Überschneidungen bei Förderinstituten vermindert werden. Die DtA wird zur Gründungs- und Mittelstandsbank ausgebaut. Die entsprechenden Förderprogramme werden dort zusammengeführt. Damit wird gewährleistet, dass kleine und mittlere Unternehmen (KMU) für ihre Finanzierungsbedürfnisse künftig einen klar definierten Ansprechpartner haben. Die KfW wird sich auf die übrigen Aufgaben konzentrieren, dazu gehören zum Beispiel die Infrastruktur-, die Wohnungsbau- und die Exportfinanzierung ebenso wie Spezialfinanzierungen im Unternehmensbereich.

A7   Literaturnachweis / verwendete Literatur

Deregulierungskommission: 'Marktöffnung und Wettbewerb' – Poeschel Verlag, Stuttgart, 1991

Ederer, Peer / Schuller, Philipp: 'Geschäftsbericht Deutschland AG' – Verlag Schäffer-Poeschel, Stuttgart, 1999

Ewert, Rainer: 'Deregulierung und organisatorischer Wandel – Der Fall der deutschen Flugsicherung' – Dissertationsschrift, Wuppertal, 1999

Mankiw, N. Gregory: Grundzüge der Volkswirtschaftslehre - Schäffer-Poeschel, Stuttgart, 1999

Monopolkommission: 'Marktöffnung umfassend verwirklichen' Hauptgutachten 1996/1997 - 1. Auflage, Nomos Verlagsgesellschaft, Baden-Baden, 1998

Mühlenkamp, Holger: 'Eine ökonomische Analyse ausgewählter institutioneller Arrangements zur Erfüllung öffentlicher Aufgaben' - Band 149 aus der Reihe 'Schriften zur öffentlichen Verwaltung und öffentlichen Wirtschaft, 1. Auflage, Nomos Verlagsgesellschaft, Baden-Baden, 1999

Samuelson, Paul A. / Nordhaus, W. D.: 'Volkswirtschaftslehre' – 15. , Ueberreuter, Wien, 1998

Stigler, George J.: 'Die politische Umverteilung des Einkommens' – in der Reihe 'Argumente der Freiheit' erschienen, COMDOK Verlagsabteilung, St. Augustin, 1992